El niño que habló incluso cuando le temblaba la voz

Escrito por
Jordan Christian LeVan

Illustrado por
Karine Makartichan

Copyright © 2023 por Jordan Christian LeVan

Todos los derechos reservados. Impreso en los Estados Unidos de América.
Queda prohibida la utilización o reproducción total o parcial de este libro sin autorización escrita, salvo en el caso de citas breves incluidas en artículos críticos o reseñas.

Para más información, visite: fightingformyvoice.com
Facebook.com/fightingformyvoice

ISBN (Tapa blanda): 978-1-7371555-9-1
ISBN (Tapa dura): 978-1-961783-70-6

El niño que habló incluso cuando le temblaba la voz

Escrito por
Jordan Christian LeVan

Illustrado pro
Karine Makartichan

Biografía del autor

Jordan Christian LeVan es un defensor de la apraxia, la discapacidad y la salud mental. Se graduó en el año 2020 con una Licenciatura en Psicología, enfocándose en Salud Mental, de Guilford College en Greensboro, Carolina del Norte. Jordan tiene un blog en inglés llamado «Luchando por mi voz: mi vida con apraxia verbal», donde brinda a las personas una visión interna de cómo es vivir con apraxia verbal. Jordan no solo es autor y defensor, sino que también es el fundador y presidente de The Apraxia Foundation: Hearing All Voices, Inc. La misión de Jordan es crear un mundo más inclusivo y enseñar a todos que está bien ser diferente.

Fightingformyvoice.com
facebook.com/fightingformyvoice

Agradecimientos del libro

Autor: Jordan Christian LeVan
Ilustradora: Karine Makartichan
Editora: Lindsay LeVan Townsend
Formateadora: Jessica Cameron

Bienvenidos a «El mundo de Jordan», una serie de libros de no ficción que contiene historias de mi vida cuando era niño en forma de arte. Viajaremos al pasado a la primera vez que sentí confianza en mi voz. Luché mucho con la autoconfianza cuando crecía, pero quiero que recuerdes, tal como yo aprendí, que tu voz nunca ha sido y nunca será un error. Quiero agradecer a mi mamá por defenderme cuando era niño. No puedo esperar a que se cuenten las historias que ella tiene que contar. Te amo. Sigamos, ¿o debería decir perseveremos?

Quedan muchas historias por contar sobre un niño llamado Jordan que tenía dificultades para hablar por su cuenta.

El edificio de la escuela estaba hecho de ladrillos y parecía medir kilómetros de ancho. Aunque Jordan estaba asustado, agarró la mano de su mamá y entró.

Cuando entró a la biblioteca, conoció a su terapeuta del habla de verano. Ella los saludó y sonrió. No podía entender lo que Jordan intentaba decir.

La terapeuta del habla le pidió a Jordan que buscara un libro para leer mientras ella hablaba con su mamá. Miró los libros, confundido, deseando poder leerlos. Tendría que conformarse con ver las ilustraciones por ahora.

Mientras hojeaba las páginas, Jordan escuchó hablar a su mamá y a la terapeuta del habla. La terapeuta del habla le dijo a su madre que estaba sorprendida de lo grave que era su apraxia.

Esta era una conversación que no estaba destinada a que Jordan la escuchara. Sin embargo, lo que nadie sabía es que Jordan había nacido para perseverar.

Jordan estaba listo para aprender a leer. Unió fuerzas con su terapeuta durante los meses húmedos. Jugaron sus juegos de mesa favoritos. Ella animaba a Jordan a participar y jugar.

Esperaba con ansias estos días porque se divertía y lograba avances en su habla. La apraxia de Jordan no siempre le permitía expresar lo que quería decir.

La terapeuta del habla era amable y le daba el tiempo que necesitaba para hablar; esto le mostró a Jordan que lo que él tenía que decir era importante.

El verano terminó y Jordan tenía que entrar al tercer grado. Estaba ansioso porque su última maestra no lo trató tan bien. No quería ir, pero su mamá le dijo que todo estaría bien.

El nuevo salón de clases era más grande y brillante, y las cosas parecían mejorar. Jordan finalmente estaba recibiendo la terapia del habla que necesitaba.

Comenzó a ir a terapia del habla cinco veces por semana. Todos los días, la nueva terapeuta del habla continuaba ayudando a Jordan en su camino hacia la lectura.

Jordan tuvo que aprender a pronunciar las palabras antes de que pudiera leerlas; esto era un obstáculo porque su apraxia se lo dificultaba.

Tras la recomendación de su madre, Jordan quiso leer un libro frente a la clase. Valientemente caminó hacia el pizarrón y comenzó a hablar, aunque su voz temblaba.

El corazón de Jordan latía con fuerza. Jordan no se detenía ante ninguna palabra. Aunque le costaba hablar, sabía que merecía ser escuchado.

Cuando terminó, hizo una reverencia y miró hacia arriba para ver lágrimas corriendo por el rostro de su madre. La maestra hizo lo mismo con una sonrisa en el rostro.

Comenzó a leer más en clase y, aunque algunos niños como Macy y Hannah se reían, su voz ahora podía ahogar sus ataques.

Jordan aprendió que hablar de manera diferente estaba bien y que sus palabras importaban incluso si sonaban de otra manera. No importa cómo hables, lo importante es lo que tienes que decir.

Jordan creció y enseñó a otros niños con apraxia que su voz no es un error. Ante la adversidad, celebra quién eres. La diversidad es algo hermoso.

Cada palabra que dices es una victoria en sí misma y, cuando Jordan aprendió esto, descubrió que era un guerrero en sí mismo.

Una carta de Jordania:

Queridos guerreros de la apraxia,
Si estás leyendo esto, espero que hayas disfrutado este libro sobre la primera vez que sentí confianza en mi voz. Quiero compartir contigo algunas palabras que nadie me dijo mientras crecía. Aunque algunas personas se ríen de las diferencias de los demás, como las que pudiera haber en el habla, eso no significa que haya algo malo contigo. La gente teme lo que es diferente, pero eso no significa que tengas que cambiar. Por favor, mantente fiel a quien eres. Mientras crecía, yo pensaba que mi apraxia verbal significaba que algo andaba mal conmigo. Sin embargo, aprendí que no hay nada de malo en cómo fuiste creado. Eres más poderoso que la risa, los gestos o las palabras de cualquiera. Quiero que hables incluso cuando te tiemble la voz porque mereces que se te celebre por lo que eres. Saldrás de esto, te lo prometo. Nunca te rindas.
Te quiero.
Con amor,
Jordan Christian

Gracias por acompañarme en otro viaje al mundo de Jordan. Espero que tú también puedas encontrar confianza en tu voz. Todos tenemos cosas con las que luchamos, cosas que nos hacen diferentes, pero eso no significa que esas cosas sean malas. Nunca fuiste un error. Eres digno de ser celebrado por la persona que eres. La siguiente página es un regalo sorpresa para ti. Necesitarás la ayuda de un adulto de confianza.
Con mucho amor,
Jordan Christian

El mundo  de Jordan

CERTIFICADO DE RECONOCIMIENTO

Otorgado a

_____

Por luchar por su voz

Imagen del homenajeado

Miembro oficial de la lucha por mi voz

_____

«Merezco que se celebren mis logros».
Jordan Christian

_____

Afirmaciones Positivas *del Mundo de Jordan*

Con la ayuda de un adulto de confianza, recorta estas 30 afirmaciones positivas y guárdalas en un tarro o una caja. Cada día, escoge al azar una de estas afirmaciones y llévala contigo en el bolsillo o en la mochila. Cuando te sientas frustrado, puedes repetir la frase en el papel y recordar que no hay nada malo contigo. Eres increíble tal como eres.

Soy digno.	Soy capaz de hacer cosas difíciles.	Soy fuerte.	Soy amable.	Soy valiente.
Soy resistente.	Tengo determinación.	Soy suficiente.	Soy perfecto tal y como soy.	Tengo iniciativa.
Lucho por mi voz.	Soy imparable.	Soy único.	Estoy feliz de estar aquí.	Soy un guerrero.
Estoy orgulloso de ser quien soy.	Soy digno de ser amado.	Soy un superviviente.	Soy paciente.	Soy inteligente.
No tengo miedo.	Tengo confianza en mí mismo.	Soy una fuerza poderosa.	Soy exitoso.	Soy «yo».
Lo soy todo.	Soy brillante.	No tengo límites.	Soy capaz.	Soy valiente.

www.ingramcontent.com/pod-product-compliance
Lightning Source LLC
Chambersburg PA
CBHW042250100526
44587CB00002B/85